Unsere Bücher finden Sie im Buch- und Fachhandel und auf

www.egmont-shop.de

IDÉFIX ET LES IRRÉDUCTIBLES
Furie au Forum

IDEFIX UND DIE UNBEUGSAMEN
Zoff auf dem Forum

Übersetzung aus dem Französischen: Klaus Jöken

Lektorat und Redaktion: Kathrin Schwarz
Umschlaggestaltung: Michael Möller
Satz: Achim Münster
Verantwortliche Redakteurin: Annica Strehlow
Produktmarketing: Jana Rahders

Die Geschichten von Idefix und den Unbeugsamen basieren auf den Figuren
aus den Abenteuern von Asterix dem Gallier von René Goscinny und Albert Uderzo

Text: Catherine Kalengula
Grafisches Konzept: Yinan Chai

1.Auflage 2024
© Egmont BÄNG! Comics
Verlegt durch Egmont Verlagsgesellschaften mbH
Ritterstraße 26, 10969 Berlin
Printed in the EU
ISBN 978-3-7704-0827-6

Wer mehr über Asterix, Obelix und Idefix erfahren möchte –
hier werden alle Gallierfreunde fündig:

www.asterix.de Asterix und Obelix 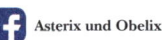 @lartdasterix

www.egmont-baeng.de  @egmont_baeng

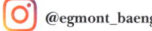

Die Egmont Verlagsgesellschaften gehören als Teil der Egmont-Gruppe zur
Egmont Foundation – einer gemeinnützigen Stiftung, deren Ziel es ist, die sozialen,
kulturellen und gesundheitlichen Lebensumstände von Kindern und Jugendlichen zu
verbessern. Weitere ausführliche Informationen zur Egmont Foundation unter
www.egmont.com

INHALT

Wir befinden uns im Jahre 52 vor Christus. Ganz Lutetia ist von den Römern besetzt. Ganz Lutetia? Nein! Eine kleine Schar unbeugsamer Tiere, unter der Führung von Idefix, leistet dem Eindringling Widerstand ...

IDEFIX

Dieser kleine weiße Straßenhund
ist bekannt für seine Tapferkeit
und Liebe zur Natur.
Er ist allergisch gegen alles
Römische und der Chef der
„Unbeugsamen".

DERTUTNIX

Die Bulldogge kommt eigentlich aus Tolosa (heute Toulouse) und hat eine lustige Aussprache. Dertutnix ist sehr stark und immer zur Stelle, wenn seine Muskeln gebraucht werden.

TURBINE

Turbine ist die beste Freundin von Idefix. Seitdem ihr früheres Herrchen sie ausgesetzt hat, sind die beiden Hunde unzertrennlich.

SARDINE

Sardine ist eine streunende Katze, die immer sagt, was sie denkt. Sie ist frei wie der Wind und kann sehr geschickt mit ihren Krallen umgehen.

ASTMATIX

Astmatix ist eine sehr alte Taube aus Lutetia. Er kennt die Geschichte der Stadt besser als jeder andere und hat im gallischen Freiheitskrieg gekämpft.

WEISSNIX

Dieser komische Uhu lebt beim Druiden Amnesix im Wald. Er braut Zaubertränke, die nie so wirken wie gedacht. Trotzdem helfen sie den Unbeugsamen immer wieder aus der Patsche!

MONALISA

Sie wohnt im Palast mit ihrem Herrchen, dem römischen General Labienus. Dort herrscht die Katze wie eine Königin. Sogar der stolze Zerberus und seine Meute gehorchen ihren Befehlen.

1 STREIT UNTER FREUNDEN

Heute Morgen wurden vor dem Palast viele Marktstände aufgebaut. Denn in Lutetia findet das Bauernforum statt! Das ist ein großer Markt, zu dem Händler aus allen

Teilen Galliens kommen, um ihre
Waren zu verkaufen: Vasen,
Werkzeuge, Obst, Gemüse und viele
leckere Speisen. Darüber freut sich
natürlich vor allem Dertutnix. Hungrig
starrt er die Lebensmittel an. Er leckt
sich das Maul, als ein Händler eine
Kiste voller Würstchen an seiner Nase

vorbeiträgt. Oh, so viele Leckereien!
„Das Bauernforum ist ein Paradies
für gallische Feinschmecker!", erklärt
er und möchte am liebsten von allem
probieren.

„Aber wir haben doch gerade
gefrühstückt", erinnert ihn Idefix.
„Wie kannst du da schon wieder
Hunger haben?"

„Für gutes Essen ist immer Platz
in meinem Bauch", versichert sein
Freund und mustert die Marktstände
genauer. „Bawuff! Räucherwurst
aus Morteau. Die Königin aller
Würste!"

Ah, ihr unvergleichlich rauchiger
Geschmack! Dertutnix hat nicht oft

Gelegenheit, diese köstliche Wurst zu kosten. Darum will er diese Chance auf keinen Fall verpassen!

Er wendet sich an Turbine, die ihre beiden Freunde begleitet.

„Lenk du sie ab, dann schnapp ich mir die Würste!", schlägt er vor.

„Warte, Turbine", mischt sich
Idefix ein und blickt sich aufmerksam
um. „Hier auf dem Marktplatz
wimmelt es von Römern!"

Tatsächlich! Ganz in der Nähe
gehen die beiden Römer Terminus und
Technicus auf und ab, begleitet von
Zerberus und den Hundelegionären
Gehbeifus und Speichelflus. Vor einem
Stand bleiben sie stehen.

„Lebensmittelkontrolle!", verkündet
Terminus. „Befehl von General
Labienus! Wir müssen prüfen, ob eure
Waren die römischen Richtlinien
erfüllen."

„Alle fehlerhaften Produkte werden
beschlagnahmt!", fügt Technicus hinzu.

Die ersten angeblich
fehlerhaften Produkte sind leckere
Würstchen, die von den beiden
Legionären rasch verschlungen
werden.

Von wegen Lebensmittelkontrolle!
Die Soldaten schlagen sich einfach

den Bauch voll, ohne etwas dafür zu
bezahlen.

Für Dertutnix ist das eine Frechheit.

„Aus den Römern mache ich
Würstchen!", droht er. „Guten
Appetit!"

„Dertutnix, denk doch nicht immer
nur mit dem Magen!", weist ihn Idefix
zurecht.

Den Vorwurf kann die Bulldogge nur
schwer verdauen. Wütend drückt er
seine Schnauze gegen die seines
Freundes. Beide schauen sich böse an!
„Warum sollen alle immer nur auf
dich hören, Herr Idefix?", regt er sich
auf.

„Vielleicht weil ich zufällig schlauer bin als dein Magen!", erwidert Idefix.

„Ach, wirklich?", ruft Dertutnix und drückt ihn mit seiner Schnauze zurück. „Warum sollen eigentlich die Pläne von Herrn Idefix immer schlauer sein als die von allen anderen?"

Nun schiebt ihn Idefix zurück.

„Weil Herr Dertutnix immer nur plant, mit Gebell draufloszustür-men!"

Na ja, wenn man so was einen Plan nennen kann ... Während sie sich so streiten, sehen sie nicht, dass sich Zerberus mit den Hundelegionären nähert.

„Die Unbeugsamen. Eine berühmte gallische Spezialität. Zum Reinbeißen!", knurrt er und zeigt seine Zähne.

Aber ohne zu zögern stellen sich
Idefix und seine Freunde den
römischen Hunden entgegen.

Zerberus ist beeindruckend, wenn
er so drohend knurrt. Doch den
Unbeugsamen macht er keine Angst!

Möge der Kampf beginnen!

Als Zerberus Idefix angreift, weicht der mit einem Sprung aus. Er hüpft so schnell, dass seinem Gegner ganz schwindelig wird!

Dertutnix ist immer noch wütend.

„Beim Bellbellenos! Idefix glaubt immer, dass er recht hat!"

Frustriert versetzt er einem der Hundelegionäre einen kräftigen Tritt mit den Hinterpfoten.

Paff!

Der römische Hund prallt gegen ein Pferd, das ihn sofort mit den Hufen in die Luft befördert. Bamm! Er fliegt zurück zum Palast!

Während seine Freunde noch kämpfen, grummelt die Bulldogge:

„Idefix versteht nur
nie, wie schlau meine
Pläne sind."

Verfolgt von Zerberus
rennt Idefix an seinem
Freund vorbei.

„Ich kann dich hören,
Dertutnix", ruft er, ohne
anzuhalten.

Turbine ist auch nicht untätig. Sie
rennt so schnell, dass sie den zweiten
Hundelegionär in einen Kreisel
verwandelt!

Paff! Paff! Paff!

Er prallt gegen Fußgänger und
Händler. Dann wirft er Terminus und
Technicus zu Boden.

Gut gemacht!

Aber zwischen den Verkaufsständen hetzt Zerberus immer noch hinter Idefix her. Zum Glück hat der Chef der Unbeugsamen einen Plan. Da er so klein ist, kann er durch die Speichen eines Rades springen. Im Gegensatz zu Zerberus, der am Hals eingeklemmt wird und steckenbleibt.

Als der Karren abfährt, dreht sich der römische Hund mit.

Heiliger Knochen, heute mussten die Römer ordentlich einstecken!

2

Die Gallier sind unsere Freunde

Nach der Rauferei kehren die Unbeugsamen in ihren Schlupfwinkel zurück. Dertutnix folgt nur widerwillig.

„Na? Hörst du jetzt auf mich?", ruft Idefix ihm zu. „Du siehst doch, dass ich recht hatte. Die Römer haben uns angegriffen."

Tatsächlich hätte man diesen Zusammenstoß vermeiden können. Man darf nicht immer einfach drauflosstürmen und erwarten, dass alles gut geht! Trotzdem will Dertutnix seine Meinung nicht ändern. Die Bulldogge hat es satt, die Pläne von Idefix zu befolgen! Seine Pläne sind doch auch gut, oder?

„*Bawuff!* Ich hatte recht. Ich habe sie davongejagt."

„Du bist ein unverbesserlicher Dickschädel!", schimpft Idefix, der sich über so viel Starrsinn ärgert.

„Besser das, als so ein kleiner Kläffer!", erwidert Dertutnix.

Das Wort „klein" hätte er nicht sagen dürfen. Idefix ist total beleidigt.

„In Ordnung. Wenn du so schlau bist, brauchst du mich ja nicht mehr!"

Und damit geht er!

Wie üblich hat Turbine nicht alles verstanden.

„Idefix!", ruft sie hinter ihm her. „Gehst du spazieren? Wir warten auf dich!"

„Auch gut", meint Dertutnix. „Ohne den kommen wir sowieso besser zurecht."

Doch im Grunde bereut er seine Worte schon.

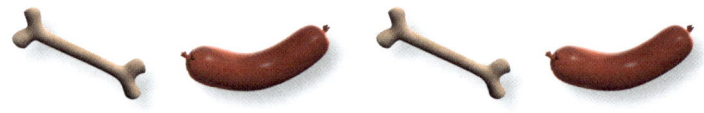

Legionäre zum Rapport! Im Palast stehen Terminus und Technicus

vor General Labienus, der gar nicht
zufrieden ist.

„Die Gallier essen immer noch ihre
barbarischen Speisen. Das geht nicht!
Das Forum muss sich römischen
Regeln anpassen."

Er läuft hin und her, ohne die

Leckereien zu sehen,
die seine beiden
Soldaten hinter ihren
Rücken verstecken:
Wurstkränze,
Schinken,
Brathähnchen,
Würstchen. Die
Speisen der Barbaren
scheinen gar nicht so übel zu
sein.

„Zu Be… *hicks*!" Terminus hat sich
den Bauch so vollgeschlagen, dass er
Schluckauf bekommt. „Zu Befehl,
General Labienus!"

„Wir haben noch Zweifel, ob die
gallischen Produkte den Gesetzen

entsprechen", fügt Technicus hinzu. „Wir sollten heute Nachmittag zurück aufs Forum, um alles noch mal zu probieren."

Als General Labienus ihn anstarrt, beeilt sich der Legionär zu korrigieren:

„Äh, ich meine, zu prüfen."

„Es reicht!", donnert der General. „Ich kümmere mich persönlich um das Forum. Lutetia ist römisch und muss nach römischen Vorschriften

essen. Kein einziger Käse und keine Wurst werden mir entgehen!"

Während er spricht, dreht er den Legionären den Rücken zu, was die ausnutzen, um heimlich zu naschen. Auch sie wollen sich keine Köstlichkeit entgehen lassen!

Nur wenige Schritte vom General entfernt müssen Zerberus und seine Hundesoldaten nach ihrer Niederlage gegen die Unbeugsamen Monalisas Zorn über sich ergehen lassen. Sie sind ziemlich kleinlaut!

„Ihr Versager!", meckert sie.
„Warum entkommen euch die
Unbeugsamen jedes Mal?"

„Äh ... Also ... Eure Hoheit", stottert
Zerberus. „Wenn ich das mal kurz
anmerken dürfte. Euch ist nicht klar,

welchen Schwierigkeiten wir jedes Mal begegnen, und ...“

Wütend kommt Monalisa auf ihn zu. „Wie bitte? Eure Schwierigkeiten sollen mir nicht klar sein? Das wollen wir doch mal sehen!“ Sie trifft eine Entscheidung. Da ihre Soldaten nichts erreichen, wird es höchste Zeit, selbst etwas zu unternehmen!

„Ich kommandiere jetzt die Hundesoldaten!“, verkündet sie, zum großen Erstaunen der Hunde. „Und nun hört mir mal gut zu! Es gibt keine

Angriffe auf die Unbeugsamen mehr.
Sprecht mir die neue oberste Regel
nach: Die Gallier sind unsere Freunde!
Die Gallier sind unsere Freunde!"

Unfassbar! Zerberus traut seinen
Ohren nicht. Hat Monalisa etwa einen
Hinkelstein auf den Kopf bekommen?

Die Hundelegionäre dagegen wiederholen gehorsam die neue Anweisung:

„Die Gallier sind unsere Freunde! Die Gallier sind unsere Freunde!"

Völlig verwirrt wendet sich Zerberus an Monalisa.

„Eure Hoheit, ich muss gestehen, dass ich nicht alle Feinheiten Eures Plans verstehe", gibt er zu.

„Das beweist, dass er gut ist, du Trottel!", erwidert sie und versetzt ihm einen Schlag mit dem Schwanz. Dann stolziert sie zum Balkon. „Wenn sich die Unbeugsamen auf dem Bauernforum sicher glauben, können wir ihnen dort eine Falle stellen."

Diesmal ist sie sich sicher, die Partie zu gewinnen! Sie will alle

Beleidigungen und Erniedrigungen, die ihr von den Unbeugsamen zugefügt wurden, rächen.

Hüte dich, Idefix!

3

EINE ERSTAUNLICHE VERÄNDERUNG!

Mit gesenktem Kopf und hängenden Ohren geht Dertutnix mit Turbine spazieren. Es tut ihm leid, dass er Idefix als kleinen Kläffer beschimpft hat. Das ist ihm nur so herausgerutscht.

An einer Straßenecke treffen die beiden Freunde auf Sardine.

„Habt ihr euch auf dem Markt sattgefuttert?", fragt sie und wundert sich dann: „Ist Idefix nicht bei euch?"

„Er hat gesagt, dass wir ihn nicht mehr brauchen", antwortet Turbine traurig.

Sardine sieht Dertutnix misstrauisch an. Sie ist nicht auf den Kopf gefallen und spürt, dass die Bulldogge ihr etwas verheimlicht.

„Es ist nicht meine Schuld!", behauptet er.

„Du hast gesagt, dass Idefix ein kleiner Kläffer ist", erinnert ihn Turbine.

Sie ist vielleicht zerstreut, aber
nicht dumm! Sie hat verstanden, dass

sich ihre beiden Freunde gestritten
haben. Dertutnix sieht aus wie ein
begossener Pudel.

„Du spinnst wohl?", wirft ihm Sardine vor. „Such Idefix und entschuldige dich bei ihm."

„Mich entschuldigen?", empört sich Dertutnix. „*Bawuff*! Auf keinen Fall! Ich habe nicht angefangen."

„Wie du willst!", erwidert die Katze. „Nicht mein Problem, wenn das das Ende der Unbeugsamen bedeutet."

Sardine hofft, dass ihn das umstimmen wird.

Doch wer taucht genau in diesem Moment vor ihr auf? General Labienus, gefolgt

von Terminus, Technicus und den
beiden Hundelegionären!

Sofort zeigen die drei Unbeugsamen
ihre Zähne und Krallen, aber die
Hundelegionäre fangen an im Chor
zu singen: „Die Gallier sind unsere
Freunde! Die Gallier sind unsere

Freunde! Die Gallier sind unsere Freunde!"

Sie bleiben vor den verblüfften Unbeugsamen stehen. Jetzt trifft auch Zerberus ein. Ist das in seinem Gesicht etwa ein Lächeln? Wirklich? Beim Bellbellenos!

„Guten Tag, gallische Freunde!", ruft er herzlich. „Wie geht es euch nach heute Morgen? Können wir euch irgendwie helfen?"

Was für ein verblüffender Wandel! Dertutnix, Turbine und Sardine starren sie staunend an.

„*Bawuff*!", ruft die Bulldogge entzückt. „Die Abreibung vorhin hat sie zur Vernunft gebracht! Hahaha!"

„Ich finde das Bauernforum ist ein
guter Ort, um Frieden zu schließen",
versichert Zerberus. „Wir verteilen
gratis die besten Produkte Galliens! Es
gibt leckere Würstchen. Wir würden
uns sehr freuen, wenn ihr kommt!"

Nach diesen Worten gehen die
römischen Hunde weiter, als wäre
nichts geschehen.
Am meisten staunt
Turbine über
diese
Verwandlung.
„Sind die auf
einmal nett?"
Für Dertutnix gibt es
nur eine Erklärung: Er
hat ihnen am Morgen eine
tüchtige Lektion erteilt!
Dank ihm haben die Unbeugsamen
endlich Ruhe. Also wer ist jetzt der
Beste?
„Richtig schade, dass Idefix nicht

hier ist!", bedauert er. „Ich hatte recht. *Bawuff*! Die Römer haben eingesehen, dass wir stärker sind!"

Sein Plan war eben genial! Sofort flitzt er zum Forum, um die von Zerberus versprochenen Würstchen zu kosten. Turbine hat auch Appetit

bekommen und will ihm folgen. Aber Sardine tritt ihr auf den Schwanz, um sie aufzuhalten. Die Katze glaubt nicht an diese Geschichte vom römischen Frieden. Ganz und gar nicht!

Dertutnix stellt keine Fragen. Er will sich nur den Bauch vollschlagen! Während er zum Forum rennt, überfliegt ihn eine Taube. Dertutnix bleibt stehen und schaut ihr nach. Das erinnert ihn an den Tag, an dem Idefix dank eines Zaubertranks mit Amnesix um den Taubenschlag flog. Dabei sah er so glücklich aus!

Der Bulldogge fallen daraufhin viele gemeinsame Abenteuer und schöne Momente ein. Wie sie gemeinsam den Sonnenuntergang bewundert haben. Idefix hatte seinem Freund einen freundschaftlichen Klaps mit der Pfote versetzt, den er

erwiderte ... nur zwanzigmal stärker! Und Idefix flog zu Boden. Darüber mussten sie herzhaft lachen. Dann der Tag, an dem sie ihre Pfoten

nebeneinander auf den Hinkelstein
der Unbeugsamen gedrückt und dabei
geschworen haben, gemeinsam gegen
die Römer Widerstand zu leisten!

Diese Erinnerungen machen
Dertutnix so traurig, dass er fast
weinen muss. Doch schließlich

schüttelt er den Kopf und trottet
langsam weiter zu den Würstchen
seiner Träume.

4

DIE WÜRSTCHEN-FALLE

Ach, Erinnerungen! Auf einer der Brücken, die über den Fluss führen, denkt auch Idefix an seinen Freund. An alle Knochen, die sie gemeinsam verspeist haben. Wie oft sie miteinander lachen mussten. Und an

das besondere Band zwischen ihnen.
Das alles macht ihn traurig. Er merkt,
dass ihm Dertutnix fehlt. Er hätte ihn
nie einen Dickschädel nennen dürfen,
vor allem, weil er es gar nicht so
gemeint hat.

Plötzlich kommen Turbine und Sardine zu ihm gerannt.

„Idefix, wir haben diesen Idioten Zerberus getroffen", erklärt die Katze „Er hat Dertutnix Würstchen versprochen, um ihn aufs Forum zu locken!"

„Heiliger Knochen!", ruft Idefix. „Das ist bestimmt eine Falle!"

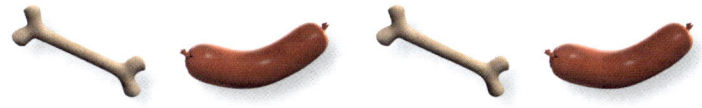

Ohne eine Sekunde zu zögern, macht er kehrt, um seinen Freund zu retten.

Unterdessen stolziert General Labienus über das Bauernforum. Alles, was er sieht, widert ihn an!

„Igitt! Stinkt das hier gallisch! Na los! Sofort alles beschlagnahmen!"

Das ist ein Befehl, den Terminus und Technicus mit Vergnügen ausführen. Beschlagnahmen und

aufessen, das bedeutet doch dasselbe, oder? Die beiden Legionäre sausen los, um sich bis zum Geht-nicht-mehr vollzustopfen.

Auch Monalisa befindet sich auf dem Forum. Nicht um gallische Produkte zu probieren, nein, nie im Leben! Sie will die Ausführung ihres Plans überwachen.

„Wenn ihr einen von den Unbeugsamen seht, bringt ihn her", befiehlt sie den Hundelegionären. „Aber seid ja freundlich!"

Die Hunde gehen und stimmen dabei ihr Lieblingslied an: „Die Gallier sind unsere Freunde!" Dann wendet sich Monalisa an Zerberus.

„Es wird Zeit, denen einen gebührenden Empfang zu bereiten", erklärt sie listig.

Als erster Unbeugsamer erscheint der verfressene Dertutnix. Den Hundesoldaten zeigt er sofort die

Zähne. Aus lauter Gewohnheit! Doch die singen: „Die Gallier sind unsere Freunde!"

„Willkommen, lieber gallischer Freund", ruft ihm Gehbeifus entgegen. „Wenn du Appetit auf die Gratis-Würstchen hast, die gibt es weiter hinten auf dem Forum."

„Hinten links", erläutert Speichelflus. „Am Würstchenberg mit dem Kessel obendrauf."

Und schon gehen sie singend weiter. Dertutnix ist zwar von ihrer Freundlichkeit überrascht, doch etwas lenkt ihn ab. Vor ihm auf

dem Boden liegt ein Würstchen aus Morteau!

„Beim Bellbellenos! Ich wusste es!"

Hopp! Er verschluckt es mit einem Bissen! Oh, da liegen ja noch mehr! In einer Reihe hintereinander! Sicher sind sie einem Händler vom Karren gefallen. Für Dertutnix ist das ein Glücksfall!

Eins, zwei, drei, vier, fünf, sechs, sieben ... Alle landen in seinem Magen. Plötzlich: *Paff!* Die Bulldogge prallt gegen einen Pfahl. Er hebt Den Blick. Vor ihm sieht er einen Berg

Räucherwürstchen aus Morteau. Das verschlägt ihm die Sprache. Ein Traum! Dieser Weg aus Würstchen hat ihn direkt ins Paradies geführt!

Überwältigt vor Glück sieht er Monalisa nicht, die ihn aus der Nähe beobachtet. Sie hat das alles geplant. Im Würstchenhaufen steckt auch ein Schinken. Und ganz obendrauf steht ein großer Kessel. Natürlich ist das alles kein Zufall!

„Perfekt!", murmelt sie. „Da haben wir den ersten Unbeugsamen! Der Dummkopf wird sich auf die Würstchen stürzen und den Schinkenknochen packen, dadurch fällt der Kessel herunter und auf ihn drauf. Hahaha! Ich bin ja so was von gemein."

Ihr Plan ist genauso perfekt wie sie selbst! In ein paar Sekunden wird ihr Feind feststecken. Dann ab in den Zwinger!

Triumphierend schaut sie sich zu den hinter ihr stehenden Hunde- soldaten um.

„Na, Zerberus? Wo sind denn nun die Schwierigkeiten?" Sie erwartet eine Antwort wie: „Nirgendwo, Eure Hoheit. Ich habe mich geirrt." Oder: „Ihr seid die Beste, die Intel- ligenteste, die Aller- größte. Eine wahre Göttin!"

Nur überhaupt nicht die folgende: „Da kommen sie, Eure Hoheit", erklärt Zerberus ängstlich.

Genau! Im Gegensatz zu seiner Chefin hat er Idefix bemerkt, der mit Turbine und Sardine seinem Freund zu Hilfe eilt. Und Unbeugsame bedeuten nun mal ernste Probleme!

„Dertutnix!", ruft Idefix. „Wir retten dich!"

„Ich muss nicht gerettet werden",
meckert die Bulldogge unzufrieden.

„Jetzt fang nicht wieder an!",
erwidert sein Freund.

„Wer fängt denn hier an, Herr
Idefix?", empört sich
Dertutnix. „Ich hatte
recht. Guck doch! Die
Würstchen sind wirklich
hier. *Bawuff!* Möchtest du
eins, Turbine?"

Idefix kann es nicht
glauben. Dertutnix und
sein Magen!

„Bleib weg,
Turbine!", ruft
er.

Monalisa, die das beobachtet, wird wütend. Idefix hat ihren perfekten Plan durchkreuzt!

Doch diesmal wird er nicht so einfach davonkommen.

Auf gar keinen Fall!

5

FREUNDSCHAFT FÜR IMMER

Fest entschlossen, die Partie zu gewinnen, springt Monalisa auf den Rücken von Zerberus. Es gibt nur eine Lösung. Sie muss sich selbst die Pfötchen schmutzig machen. Aber egal! Manchmal muss man eben Opfer bringen.

„Zum Angriff!", kreischt sie.

Doch statt loszustürmen, beginnen die beiden Hundelegionäre zu singen: „Die Gallier sind unsere Freunde! Die Gallier sind unsere Freunde!"

„Seid ruhig, ihr Flohschleudern!",
befiehlt ihre Chefin ganz außer sich.

Was hat sie Jupiter nur getan, um
solche Soldaten zu verdienen?

Nur wenige Meter
entfernt merken
die Unbeugsamen
nichts von alldem.
Idefix will seinen
Freund unbedingt zur
Vernunft bringen.
Aber Dertutnix
denkt nur an eines:
In diesen Riesenhaufen
Würstchen springen, der
förmlich darum bettelt, verschlungen
zu werden!

„Schaut!", sagt er verfressen. „Man muss sich nur bedienen."

Ohne zu warten, schnappt er sich ein Würstchen und *Bamm!* Der Kessel plumpst auf ihn drauf.

„Beim Bellbellenos!", knurrt er und versucht sich zu befreien. „Holt mich hier raus!"

Dieser unverbesserliche Vielfraß ist in die von Monalisa gestellte Falle getappt! Für Zerberus ist das eine Chance, die er sich nicht entgehen lassen darf.

„Doppelte Fressnapfration für jeden, der diesen Galliern die Hundebeine langzieht!", verspricht er

Gehbeifus und Speichelflus. „Zum Angriff, Jungs!"

Als Idefix sieht, dass sie auf ihn zustürmen, überlegt er blitzschnell.

„Turbine, hilf Dertutnix! Sardine, beschäftige du die Hunde!"

Gesagt getan! Während Turbine losrennt, um ihrem Freund zu helfen,

fährt Sardine die Krallen aus, ganz besonders scharfe Krallen.

„Wollt ihr Römer unsere Spezialitäten kosten?", ruft sie den Hunden zu. „Wie wäre es mit einer gallischen Maniküre?"

Eine Maniküre nach Art von Sardine, das kann heiter werden!

Zack! Zack! Zack!

Blitzschnell folgt Turbine Dertutnix auf dem Forum der immer noch im Kessel feststeckt und blind weiterläuft. *Bimm! Bamm! Bumm!* Er stößt überall an. Als er stehenbleibt, wirbelt Turbine um den Kessel herum,

um ihn anzuheben. So kann sie ihren Freund befreien!

Für Idefix sind die Dinge etwas komplizierter. Zerberus und Monalisa lassen sich nicht abschütteln!

„Schneller!", befiehlt sie. „Der geht uns sonst durch die Lappen!"

Zum Glück hat der Chef der Unbeugsamen mehr als einen Trick auf Lager. Er schiebt ein Brett zur Seite, um unter einen Marktstand zu huschen. Zerberus folgt ihm, ohne zu überlegen. Dabei dreht er das Brett und katapultiert Monalisa so in die Luft.

„Heute kein Fressnapf!", brüllt die römische Katze, während sie durch die Luft fliegt.

Dagegen lassen es sich zwei andere gutgehen: Terminus und Technicus. Labienus ertappt sie auf frischer Tat, wie sie sich gerade einen köstlichen Würstchenkranz teilen. Er hatte schon geahnt, dass seine Soldaten seine Befehle missachten würden!

„Beim Jupiter!", schnaubt der General. „Ich hab's gewusst! Legt das auf der Stelle zurück! Ihr elendes Gewürm. Diese Befehlsverweigerung werdet ihr bereuen!"

Kaum hat er das gesagt, plumpst ihm ein fliegendes Objekt auf den Kopf: Monalisa - mit ausgefahrenen Krallen! Autsch, das tut weh!

Eine andere Katze mit scharfen Krallen ist Sardine. Sie stellt sich den beiden Hundelegionären entgegen. Da

kommt Idefix dazu, gefolgt
von Zerberus.

Gehbeifus und Speichelflus
auf der einen Seite,
Zerberus auf der anderen.
Idefix sitzt in der Falle!

„So. Endlich habe ich dich,
Mikrobe!", warnt ihn Zerberus.

Idefix ist tatsächlich in einer
unangenehmen Lage! Zum Glück
tauchen genau in diesem Moment
Dertutnix und Turbine auf!

„So redet keiner mit meinem
Freund!", empört sich die Bulldogge.

Wütend stürmt er auf Zerberus und
die Hunde zu. *Bamm! Bamm!* Schon
fliegen drei fellartige Geschosse durch

den Himmel von Lutetia! Sie landen vor dem Palast, genau in dem Moment, in dem General Labienus vorbeikommt. Monalisa, krallt sich noch immer auf seinem Kopf fest. Nach ihrem grässlichen Segelflug kann sie ihre Krallen nicht mehr einfahren.

Und General Labienus ist der Leidtragende.

„Das tut bestimmt weh, General", bemerkt Terminus, als sein Vorgesetzter vor Schmerz stöhnt.

„Toilettendienst, lebenslänglich!", brüllt Labienus.

Strafdienst für die Legionäre, leere Bäuche für die Hundesoldaten. Die Unbeugsamen können zufrieden sein!

„An die Samtpfötchen von Monalisa wird der General noch lange denken", scherzt Sardine.

Ihre Freunde lachen schallend.

Als es Abend wird, genießt die kleine
Bande ein echtes Festmahl: den
Würstchenberg, den sie in den
Schlupfwinkel
getragen haben!
Nach den Abenteuern
auf dem Forum
haben sie doch
eine köstliche
Mahlzeit verdient,
oder?
Während Dertutnix genüsslich
mampft, neckt ihn Idefix:

„Na, schmecken dir die Räucherwürste aus Morteau?"

„Die schmecken viel besser, wenn man sie zusammen mit Freunden frisst", antwortet Dertutnix und gibt ihm einen Klapps auf die Schulter.

Die beiden Freunde tauschen zärtliche Blicke. Sie streiten sich zwar manchmal, aber es gibt ein Wort, das zu unbeugsam passt: unzerstörbar. Wie ihre Freundschaft! Eines ist sicher: Sie sind mächtig froh, dass sie sich wieder versöhnt haben.

„Genau!", kommentiert Sardine. „Am Ende sind mal wieder die Römer die armen Würstchen!" Ein Festmahl und fröhliches Lachen, kann man einen Tag besser beenden?

Vor dieser Freundesbande werden sich die Römer immer in Acht nehmen müssen.

ENDE

WEITERE SPANNENDE
GESCHICHTEN VON

FINDET IHR IN:

DER WECKER VON LUTETIA

ISBN 978-3-7704-0731-6

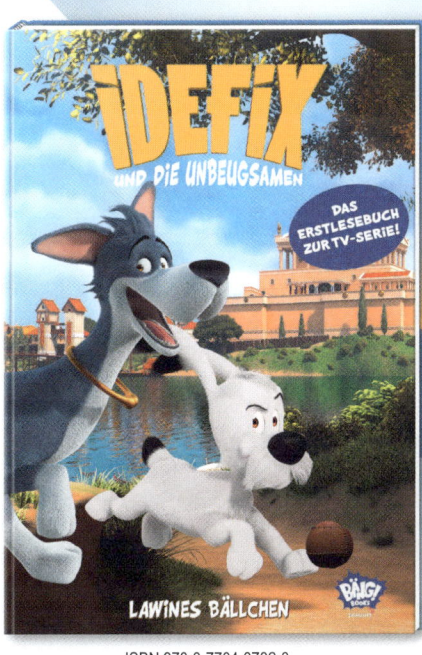

LAWINES BÄLLCHEN

ISBN 978-3-7704-0732-3

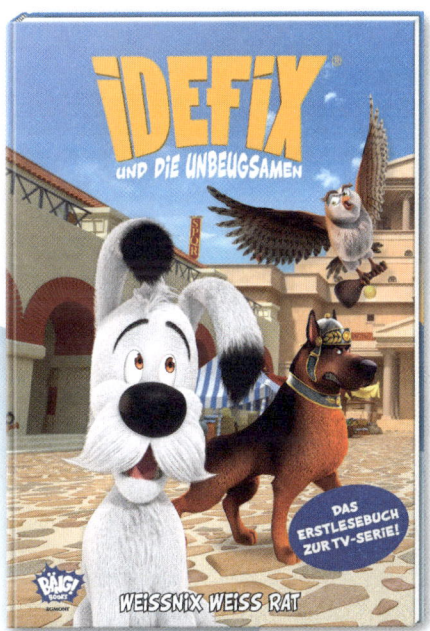

WEISSNIX WEISS RAT

ISBN 978-3-7704-0732-3

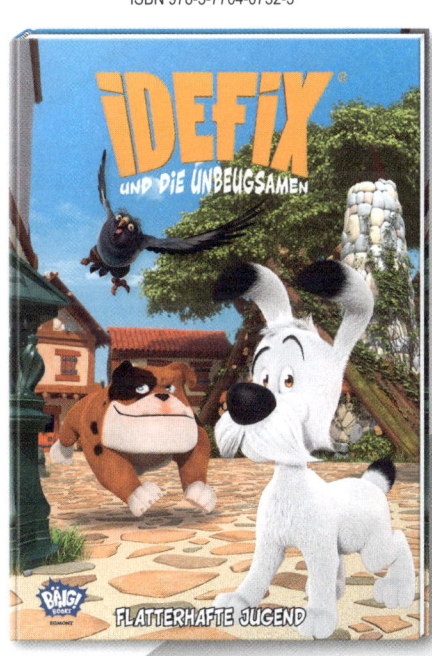

FLATTERHAFTE JUGEND

ISBN 978-3-7704-0749-1

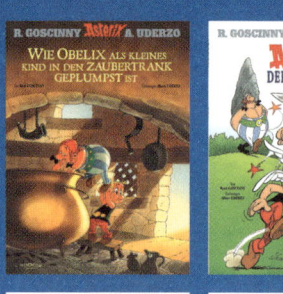

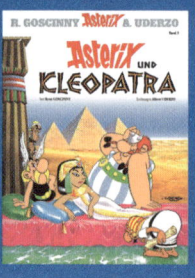
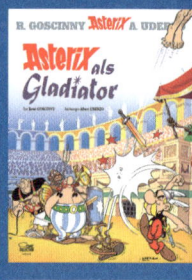

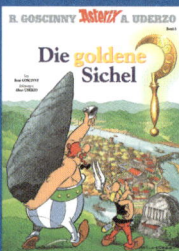
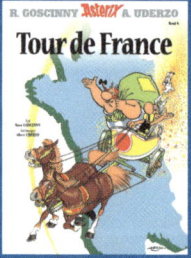

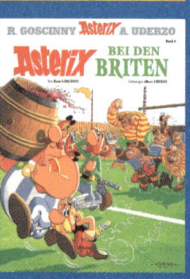

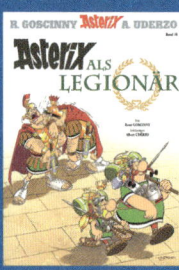

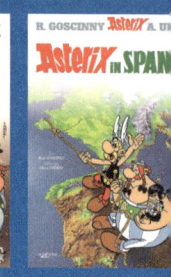

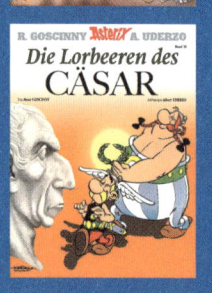

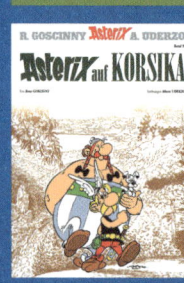

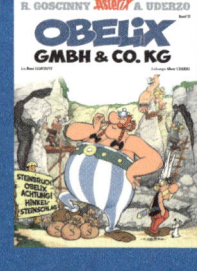

Idefix begegnet ihr auch in den vielen
Abenteuern von Asterix und Obelix!

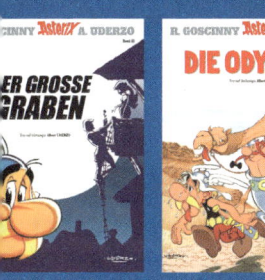

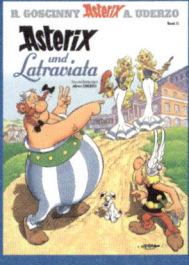

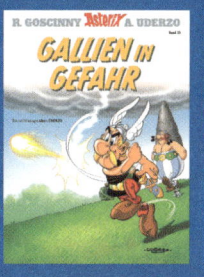

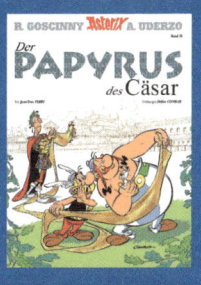
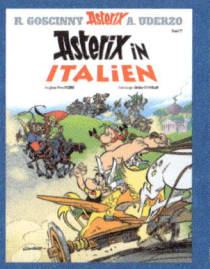

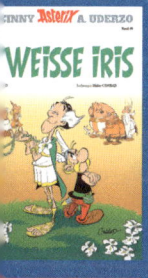
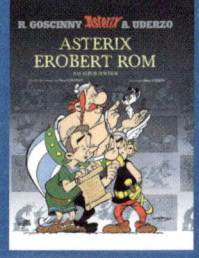

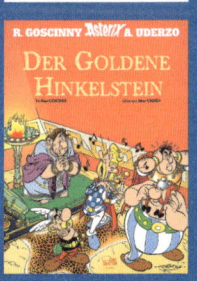

Man muss sie einfach alle haben!

Die Abenteuer von Idefix gibt's auch als Comic!

72 Seiten
ISBN 978-3-7704-0704-0
[D] 9,99€ / [A] 10,30€

72 Seiten
ISBN 978-3-7704...
[D] 9,99€ / [A] 10,...

72 Seiten
ISBN 978-3-7704-0723-1
[D] 9,99€ / [A] 10,30€

72 Seiten
ISBN 978-3-7704-0733-0
[D] 9,99€ / [A] 10,30€

72 Seiten
ISBN 978-3-7704-0751-4
[D] 9,99€ / [A] 10,30€

Wer mehr über Asterix, Obelix und Idefix erfahren möchte –
hier werden alle Gallierfreunde fündig:

www.asterix.de Asterix und Obelix @lartdasterix

www.egmont-baeng.de @egmont_baeng